Heute spielt der FC Grünenwald gegen die Lauten Löwen. Vor dem Spiel ziehen sich die Spieler um. Aber wo ist der zweite Fußballschuh von Max? So kann er doch keine Tore schießen! Kannst du ihm helfen? Und gelingt es dir auch, die Kugel vorne im Buch zum Schuh zu bringen?

Auf dem Spielfeld wird hart um den Ball gekämpft. Gerade sind Hannes und Flo am Ball. Die Fans feuern ihre Mannschaften an und jubeln laut. Aber ein Trikot passt nicht zu denen der restlichen Fans. Findest du es? Kannst du die Kugel zum Trikot führen?

Jetzt muss der Schiedsrichter eine Entscheidung fällen. Doch es passiert nichts. Alle sehen ihn verblüfft an – wo ist denn seine Trillerpfeife? Ohne sie kann das Spiel nicht weitergehen. Siehst du, wo die Pfeife ist? Nun muss die Kugel zur Trillerpfeife geführt werden. Schaffst du es?

1
3
7
0

Tor! Felix von den Lauten Löwen kann kaum glauben, wie schnell das ging! Die Spieler vom FC Grünenwald jubeln. Doch außer dem Ball ist noch etwas im Tor, das da nicht hingehört. Weißt du, was es ist? Kannst du die Kugel durch das Labyrinth zum Ausgang mit der Flasche lotsen?

2
1
7

Das Spiel ist vorbei und die Spieler des FC Grünenwald freuen sich über den tollen Pokal. Das Publikum klatscht und sogar ein Reporter ist gekommen. Siehst du ihn? Man erkennt ihn an seinem Mikrofon. Wenn du jetzt noch die Kugel zum Reporter bringst, hast du alle Aufgaben erfüllt!

Mit der Kugel zum Ziel

Fußball

Der Schiedsrichter hat seine Trillerpfeife verloren! Kannst du sie finden? Und wo ist der zweite Schuh des Fußballspielers?

Auf jeder Doppelseite ist ein Gegenstand nicht an seinem Platz und muss gesucht werden. Wenn du ihn gefunden hast, kannst du im Spiel auf der Vorderseite dieses Buches deine Geschicklichkeit beweisen.

ISBN 978-3-7886-3490-2

9 783788 634902 00695

Europreis (D)

01/10

Burgschmietstraße 2–4
90419 Nürnberg
Illustration: Maja Wagner
www.tessloff.com

Spielen

TESSLOFF